山羊の歌

Sånger från en get

-

Chūya Nakahara

Om Nakahara

Relationen till en författare brukar börja med ett ord - i detta fall en bild.
På omslaget till denna bok syns Chūya Nakahara (1907-1937) när han är
18 år gammal. Bilden är tagen 1925 från en fotostudio i Ginza, Tokyo.

Nakahara ser helt frånvarande ut. Hans blick är fäst på linsen men ändå
inte, vad som på engelska kan beskrivas som en *vacant stare* (vakant
blick).

Bilden har blivit synonymt med Nakaharas författarskap, och möjligen
speglas även denna bok och översättning av hans ögons eskapism och
pojkaktighet? Impulser och momentum, röster som pendlar mellan
enerverande lättja och avgrundsdjupt allvar, därefter sorg - en röst för en
generation, fast kanske inte för sin egen.

"Sånger från en get" (*Yagi no Uta*) gavs ut 1934 på en upplaga av 200
exemplar som Nakahara själv finansierade. Bokens riktiga erkännande
skulle inte komma förrän långt senare i fredstid.

Som ung spenderade Nakahara mestadels tiden som litteraturstudent,
både i Tokyo och Kyoto. Han inspirerades av Rimbaud och dadaismen,
och översatte själv flera verk från franska till japanska.

Nakahara skulle färdigställa ytterligare ett eget verk, "Sånger från svunna
tider" (*Arishi Hi no Uta*), 1938. Diktsamlingen gavs dock ut postumt
genom en vän, Hideo Kobayashi.

Nakahara gick bort året tidigare i tuberkulos, 30 år gammal.

© 2025 Yonas Karlsson
Förlag: BoD · Books on Demand,
Östermalmstorg 1,
114 42 Stockholm, bod@bod.se
Tryck: Libri Plureos GmbH,
Friedensallee 273,
22763 Hamburg, Tyskland
ISBN: 978-91-8057-874-5
yonaskarlsson.com

Originaltitel: Yagi no Uta (1934)
Originalspråk: Japanska

初期詩篇

Tidiga dikter

春の日の夕暮

トタンがセンベイ食べて
春の日の夕暮は穏かです
アンダースローされた灰が蒼ざめて
春の日の夕暮は静かです

吁！　案山子はないか——あるまい
馬　嘶くか——嘶きもしまい
ただただ月の光のヌメランとするまいに
従順なのは　春の日の夕暮か

ポトホトと野の中に伽藍は紅く
荷馬車の車輪　油を失ひ
私が歴史的現在に物を云へば
嘲る嘲る　空と山とが

瓦が一枚　はぐれました
これから春の日の夕暮は
無言ながら　前進します
　自らの　静脈管の中へです

Vårdagens skymning

Den korrugerade plåten äter chips
Vårdagens skymning är lugn
Askan i underkast bleknar
Vårdagens skymning är tyst

Åh! Se! Är det en fågelskrämma – eller inte
Gnäggar inte hästen – den gnäggar inte
Bara månens ljus som segar
Undergiven, är väl vårdagens skymning

Undan för undan syns templet på fältet rött
Kärrans hjul syns tappad på olja
Mitt historiska jag är idag
Bortgjord av bergen och himlen

En takpanna har lossnat
Så fortskrider vårdagens skymning
Utan ett ord
Genom mig och mina vener

月

今宵月はいよよ愁しく、
養父の疑惑に瞳をる。
秒刻は銀波を砂漠に流し
老男の耳朵は螢光をともす。

あゝ忘られた運河の岸堤
胸に残つた戦車の地音
銹びつく鑵の煙草とりいで
月は懶く喫つてゐる。

それのめぐりを七人の天女は
趾頭舞踊しつづけてゐるが、
汚辱に浸る月の心に

なんの慰愛もあたへはしない。
遠にちらばる星と星よ！
おまへの曾手を月は待つてる

Månen

Månen för kvällen är ordentligt ledsen
Betagen av fosterfaderns misstro.
I stunden sjunker silvervågor ner i öknen
Den gamla mannens örsnibbar lyser upp i ett fluorescerande ljus.

Åh, jag har glömt - kanalens vågbrytare
Ljudet av en stridstank i mitt bröst
En rostig burk med cigaretter
Som månen plockar och lättjefullt röker.

Runt omkring syns den himmelska jungfrun
Dansande på tå faller slöjorna till marken
Dränker månens hjärta i skam

Det finns ingen tröst i detta.
Se, stjärnor och åter stjärnor utspridda i fjärran!
Månen som väntar på din skarprättares händer

サーカス

幾時代かがありまして
　　茶色い戦争ありました

幾時代かがありまして
　　冬は疾風吹きました

幾時代かがありまして
　　今夜此処（ここ）での一（ひ）と殷盛（さか）り
　　　　今夜此処での一と殷盛り

サーカス小屋は高い梁（はり）
　　そこに一つのブランコだ
見えるともないブランコだ

頭倒（さか）さに手を垂れて
　　汚れ木綿の屋蓋（やね）のもと
ゆあーん　ゆよーん　ゆやゆよん

それの近くの白い灯が
　　安値（やす）いリボンと息を吐き

観客様はみな鰯
　　咽喉（のんど）が鳴ります牡蠣殻（かきがら）と
ゆあーん　ゆよーん　ゆやゆよん

　　　屋外（やぐわい）は真ッ闇　闇の闇（くらくらくら）
　　　夜は劫々（こふこふ）と更けまする
　　　落下傘奴（らくかがさめ）のノスタルヂアと
　　　ゆあーん　ゆよーん　ゆやゆよん

Cirkus

I flera år
var kriget brunt

I flera år
blåste vintern storm

I flera år
Ikväll är allt på topp
Ikväll är allt på topp

Högt uppe i ett cirkustält
på en bjälke, en trapets
En knappt synlig trapets

Upp och ner och med händerna fria
från höjden av en smutsig tältduk
Å-hej, Å-hå, Å-hej å-hå

Ett vitt ljus i närheten
är en billig rosett som andas ut

Publiken är sardiner
deras halsar spricker av ostronskal
Å-hej, Å-hå, Å-hej å-hå

Utanför tältet är det mörkt, mörkt så mörkt
Natten poserar och passerar
revy för en fallskärmshoppare
Å-hej, Å-hå, Å-hej å-hå

春の夜

燻銀（いぶしぎん）なる窓枠の中になごやかに
　　一枝の花、桃色の花。

月光うけて失神し
　　庭（には）の土面（つちも）は附黒子（つけぼくろ）。

あゝこともなしこともなし
　　樹々よはにかみ立ちまはれ。

このすゞろなる物の音（ね）に
　　希望はあらず、さてはまた、懺悔もあらず。

山虔（つつま）しき木工のみ、
　　夢の裡（うち）なる隊商のその足竝もほのみゆれ。

窓の中（うち）にはさはやかの、おぼろかの
　　砂の色せる絹衣（ごろも）。

かびろき胸のピアノ鳴り
　　祖先はあらず、親も消（け）ぬ。

埋みし犬の何処（いづく）にか、
　　蕃紅花色（さふらんいろ）に湧きいづる
　　　　春の夜や。

Vårnatt

Innanför fönsterkarmens stänkta silver
　　Syns en fridfull blomma, en rosafärgad blomma.

Blekt av månljus
　　Syns mörka fläckar på trädgårdens ansikte.

Men åh, låt det vara, låt det vara
　　Låt träden stå där och skämmas.

Ty detta kyliga ljud
　　Ger inga förhoppningar, ej heller ånger.

Endast snickare i bergen kan se det
　　Hur det rör sig fram i en drömsk karavan.

Genom fönstret uppfriskande och dunkelt
　　Syns sandfärgade sidenplagg.

Ljudet av ett stort piano
　　Men inga förfäder, ej heller föräldrar.

Någonstans en begraven hund
　　Saffranfärger väller över oss
　　　　Åh, uti vårnatten.

朝の歌

天井に　朱<ruby>朱<rt>あか</rt></ruby>きいろいで
　　戸の隙を　洩れ入る光、
<ruby>鄙<rt>ひな</rt></ruby>びたる　軍楽の<ruby>憶<rt>おも</rt></ruby>ひ
　　手にてなす　なにごともなし。

小鳥らの　うたはきこえず
　　空は今日　はなだ色らし、
<ruby>倦<rt>う</rt></ruby>んじてし　人のこころを
　　<ruby>諫<rt>いさ</rt></ruby>めする　なにものもなし。

<ruby>樹脂<rt>じゆし</rt></ruby>の香に　朝は悩まし
　　うしなひし　さまざまのゆめ、
森竝は　風に鳴るかな

ひろごりて　たひらかの空、
　　土手づたひ　きえてゆくかな
うつくしき　さまざまの夢。

Morgonsång

Taket skiner, i cinnober
    Skjutdörrens öppning, där ljuset stiger in

Rustikens militärmusik, det minns jag
    Men det ger mig inget, det betyder ingenting.

Jag hör inget mer, ingen fågelsång
    Himlen är idag, lätt indigoblå

Jag har tröttnat, protesterar
    Mot människors hjärtan, de betydande få.

En doft av kåda, morgonen i trubbel
    En rad förlorade, varierande drömmar
En rad av träd, ljuder de i vinden

En utbredd, fredlig himmel
    Vallen däremellan, se hur de försvinner
Raden av vackra, varierande drömmar.

臨終

秋空は鈍色にして
黒馬の瞳のひかり
　　水涸れて落つる百合花
　　あゝ　こころうつろなるかな

神もなくしるべもなくて
窓近く婦の逝きぬ
　　白き空盲ひてありて
　　白き風冷たくありぬ

窓際に髪を洗へば
その腕の優しくありぬ
　　朝の日は澪れてありぬ
　　水の音したたりてゐぬ

町々はさやぎてありぬ
子等の声もつれてありぬ
　　しかはあれ　この魂はいかにとなるか？
　　うすらぎて　空となるか？

Dödsbädd

Hösthimlen är mörkgrå
Den svarta hästens ögon blänker
    Vattnet sugs upp, hundra liljeblommor faller
    Åh hjärtat, det töms väl nu

Ingen gud i närheten, inga vänner heller
Frun tar sitt sista andetag
    Himlen som var vit och blind
    Vinden som var vit och kall

Intill fönstret tvättas håret
Av en mild och vänlig arm
    Morgonsolen läckte
    Vattnet därpå dröp

Gatorna som sjöd
Och barnens röster ljöd
    Säg mig, vad ska bli av denna själ?
    Lättar den upp mot himlen?

都会の夏の夜

月は空にメダルのやうに、
街角（まちかど）に建物はオルガンのやうに、
遊び疲れた男どち唱ひながらに帰つてゆく。
──イカムネ・カラアがまがつてゐる──

その 唇（くちびる） はききつて
その心は何か悲しい。
頭が暗い土塊になつて、
ただもうラアラア唱つてゆくのだ。

商用のことや祖先のことや
忘れてゐるといふではないが、
都会の夏の夜（よる）の更（ふけ）──

死んだ火薬と深くして
眼に外燈の滲みいれば
ただもうラアラア唱つてゆくのだ。

Sommarnatt i staden

Månen på himlen ser ut som en medalj
Byggnader i gathörnen ser ut som orglar
Lektrötta pojkar sjunger på vägen hem.
---- I smoking med öppna kragar ----

Deras munnar är vidöppna
Ändå finns där något ledsamt i hjärtat.
Deras huvuden är en rad av svarta klumpar
Men de sjunger ändå, tralalala.

Är det för jobbets skull, är det för förfädernas skull
Jag säger inte att det är något att glömma
Men det är sen sommarnatt i staden ----

I ditt inre när krutröken lagt sig
När gatljusen tränger din blick
Återstår det bara att sjunga ut, tralalala.

秋の一日

こんな朝、遅く目覚める人達は
戸にあたる風と　轍（わだち）との音によつて、
サイレンの棲む海に溺れる。

夏の夜の露店の会話と、
建築家の良心はもうない。
あらゆるものは古代歴史と
花崗岩のかなたの地平の目の色。

今朝はすべてが領事館旗のもとに従順で、
私は　錫（しやく）と広場と天鼓のほかのなんにも知らない。
軟体動物のしやがれ声にも気をとめないで、
紫の　蹲（しやが）んだ影して公園で、乳児は口に砂を入れる。

　　　（水色のプラットホームと
　　　躁（はしや）ぐ少女と嘲笑（あざわら）ふヤンキイは
　　　いやだ　いやだ！）

ぽけっとに手を突込んで
路次を抜け、波止場に出でて
今日の日の魂に合ふ
布切屑（きれくづ）をでも探して来よう。

En dag om hösten

Människor som vaknar upp en dag som denna
Drunknar i ett hav av sirener
Ljud av hjulspår och vinden slår mot dörren.

Om sommarnatten finns inga samtal mellan gatustånden
Inte heller samvetet hos arkitekterna som byggde dem.
Allt är gammal, uråldrig historia
En ögonfärg från horisonten bakom klippor av granit.

Allt denna morgon är underställt konsulatets flagga
Jag vet inget annat än prästens käppar, torget och dundren.
Blötdjurens skrik och rörelser, en skymt av lila i skuggan av en park
Ett spädbarn stoppar i sig sand i munnen.

> (på tågets ljusblåa plattform
> syns en livad flicka och ett retsamt fån
> åh nej åh nej, ta mig härifrån!)

Jag stoppar händerna i fickorna
Genar vägen bort mot kajen
Försöker möta anden för dagen
Låt oss leta efter trasor.

黄昏

渋つた仄暗い池の面で、
寄り合つた蓮の葉が揺れる。
蓮の葉は、図太いので
こそこそとしか音をたてない。

音をたてると私の心が揺れる、
目が薄明るい地平線を逐ふ……
黒々と山がのぞきかかるばつかりだ
——失はれたものはかへつて来ない。

なにが悲しいつたつてこれほど悲しいことはない
草の根の匂ひが静かに鼻にくる、
畑の土が石といつしよに私を見てゐる。

——竟に私は耕やさうとは思はない！
ぢいつと茫然黄昏の中に立つて、
なんだか父親の映像が気になりだすと一歩二歩歩みだすばかりです

Skymning

På den mörka dammens strama yta
Syns lotusbladen gunga mot varandra.
De har en fet figur
Ger bara ifrån sig lätt, smygande ljud.

När ljudet kommer gungar hjärtat
Ögonen följer den ljusa horisonten.....
Bergen och det svarta väller över mig
---- Det som har försvunnit kommer aldrig tillbaka.

Vad kan vara mer vemodigt än detta
Dofter av gräsrötter letar sig upp i näsan
Åkerjorden och stenarna stirrar på mig.

---- Nej, jag vill inte harva i det!
Jag står tom i denna skymning
Men skymten av min far får mig ändå att ta steget, stegen bort därifrån

深夜の思ひ

これは泡立つカルシウムの
乾きゆく
急速な――頑ぜない女の児の泣声だ、
鞄屋の女房の夕（ゆふべ）の鼻汁だ。

林の黄昏（たそがれ）は
擦（かす）れた母親。
虫の飛交ふ梢のあたり、
舐子（おしやぶり）の道化（おどけ）た踊り。

波うつ毛の猟犬見えなく、
猟師は猫背を向ふに運ぶ。
森を控へた草地が
　　坂になる！

黒き浜辺にマルガレエテが歩み寄する
ヴェールを風に千々にされながら。
彼女の肉（しし）は跳び込まねばならぬ、
厳（いか）しき神の父なる海に！

崖の上の彼女の上に
精霊が怪しげなる条（すぢ）を描く。
彼女の思ひ出は悲しい書斎の取片附け
彼女は直きに死なねばならぬ。

Midnattstankar

Det söta som bubblar
Torkar nu
Fort – en hjälplös liten flicka skriker
Väskbutikens fru som snörvlar i natten.

Trädens skymning
Är en skabbig moder.
Runt trädtopparna där myggen flyger
Dansar nappen loss.

Hunden med sitt vågiga hårsvall är borta
Jägaren med sin dåliga hållning lunkar efter den.
Skogen som backar upp gräsmarken
        bildar en sluttning!

Margareta kliver ut på den svarta stranden
Hennes slöja fladdrar i vinden.
Hennes kött måste ner i havet
I famnen på gudarnas fader!

Över henne på en klippa
Drar andarna med sig en tvetydig strimma.
Hennes minnen samlar sig i ett sorgligt utkast
Hon måste dö snart.

冬の雨の夜

　　冬の黒い夜をこめて
どしやぶりの雨が降つてゐた。
──夕明下に投げいだされた、萎れ大根の陰惨さ、
あれはまだしも結構だつた──
今や黒い冬の夜をこめ
どしやぶりの雨が降つてゐる。
亡き乙女達の声さへがして
aé ao, aé ao, éo, aéo éo！
　　その雨の中を漂ひながら

いつだか消えてなくなつた、あの乳白の脬囊たち……
今や黒い冬の夜をこめ
どしやぶりの雨が降つてゐて、
わが母上の帯締めも
雨水に流れ、潰れてしまひ、
人の情けのかずかずも
竟に蜜柑の色のみだつた？　……

Vinterregn om natten

Vinternatten lång
Och regnet öste ner.
---- Skrumpna rädisor kastas ut i kvällsljuset
De var rätt så okej ----
Vinternatten längre
Och regnet öser ner.
De bortgångna jungfrurna sjunger
aé ao, aé ao, éo, aéo éo !
   På drift i detta regn
Alla de mjölkvita påsar som försvann.....
Vinternatten längre
Och regnet öser ner.
Bandet till min moders kimono
Snärjdes av regnet, dränktes i det
Liksom människors barmhärtighet
Har en färg av clementin? .....

帰郷

柱も庭も乾いてゐる
今日は好い天気だ
　　　縁の下では蜘蛛の巣が
　　　心細さうに揺れてゐる

山では枯木も息を吐く
あゝ今日は好い天気だ
　　　路傍の草影が
　　　あどけない 愁 みをする

これが私の故里だ
さやかに風も吹いてゐる
　　　心置なく泣かれよと
　　　年増婦の低い声もする

あゝ　おまへはなにをして来たのだと……
吹き来る風が私に云ふ

Hemkomst

Pelarna och trädgården torkar
Idag är en bra dag
       Spindelväven under verandan
       svajar övergivet

Vissna träd i branten ser ut att andas
Åh, idag är en bra dag
       Gräset i skuggan av vägen
       Har en barnslig melankoli

Detta är mitt hem
Vinden blåser mjukt
       Låt det gråta utan oro
       Som rösten från en äldre kvinna

Åh, var har du varit.....
Frågar mig vinden

凄じき黄昏

捲き起る、風も物憂き頃ながら、
草は靡きぬ、我はみぬ、
遥き昔の隼人等を。

銀紙色の竹槍の、
汀に沿ひて、つづきけり。
——雑魚の心を俟みつつ。

吹く風誘はず、地の上の
敷きある屍——
空、演壇に立ちあがる。

家々は、賢き陪臣、
ニコチンに、汚れたる歯を押匿す。

Gräslig skymning

Vinden reser sig, lätt melankoliskt
Gräset likaså, blicken förs bort
Mot med det gamla Hayato-folket.

De silverpappersfärgade bambuspjuten
Vadar över vattnet.
---- I väntan på småfisk.

Vinden bjuder inte in, utan upp
Liken under marken ----
Reser sig mot himlen, mot podiet.

Visa vasaller i varje hus
Döljer lätt sina nikotinfärgade tänder.

逝く夏の歌

並木の梢が深く息を吸つて、
空は高く高く、それを見てゐた。
日の照る砂地に落ちてゐた硝子（ガラス）を、
歩み来た旅人は周章（あわ）てて見付けた。

山の端は、澄んで澄んで、
金魚や娘の口の中を清くする。
飛んでくるあの飛行機には、
昨日私が昆虫の涙を塗つておいた。

風はリボンを空に送り、
私は嘗（かつ）て陥落した海のことを
その浪のことを語らうと思ふ。

騎兵聯隊や上肢の運動や、
下級官吏の赤靴のことや、
山沿ひの道を乗手（のりて）もなく行く
自転車のことを語らうと思ふ。

Sång om den förlorade sommaren

De uppradade trädtopparna drar ett djupt andetag
Högt, högt där uppe övervakar himlen.
På sanden där solen lyser, syns ett tappat glas
En kringfarande finner det i farten.

Bergsklipporna är så rena, så rena
Guldfisken och dottern rengör sina munnar.
Igår smetade jag en insekts tårar
Framför flygplanet över mig.

Vinden sänder rosetter upp mot himlen
Och liksom vågorna och havet som en gång föll
Finns där historier jag skulle talat om.

Om kavalleriregementet och överarmens rörelser
Om den lägre tjänstemannens röda skor
Om cyklar utan förare som korsar genom bergen
Där finns historier jag skulle talat om.

悲しき朝

河瀬の音が山に来る、
春の光は、石のやうだ。
　筧（かけひ）の水は、物語る
白髪（しらが）の　嫗（をうな）にさも肖（に）てる。

雲母の口して歌つたよ、
背（うし）ろに倒れ、歌つたよ、
心は涸（か）れて皺枯（しわが）れて、
　巌（いはほ）の上の、綱渡り。

知れざる炎、空にゆき！

響の雨は、濡れ冠る！

・・・・・・・・・・・・・・・・・・・・・・・・・・・

われかにかくに手を拍く……

Ledsam morgon

Ljudet av forsen närmar sig berget
Vårens ljus, är som en sten.
Stuprörets vatten vill berätta något
Som en gammal dam med vitt hår.

Det sjunger genom en mun av glimmer
Faller på rygg, sjunger ändå
Hjärtat är slut, rösten skrumpnar

En ovanlig flamma, blossar upp mot himlen!
Följt av regnet, dränker det!
....
Jag klappar mina händer, oavsett .....

夏の日の歌

青い空は動かない、
雲片一つあるでない。
　　夏の真昼の静かには
　　タールの光も清くなる。

夏の空には何かがある、
いぢらしく思はせる何かがある、
　　焦げて図太い向日葵が
　　田舎の駅には咲いてゐる。

上手に子供を育てゆく、
母親に似て汽車の汽笛は鳴る。
　　山の近くを走る時。

山の近くを走りながら、
母親に似て汽車の汽笛は鳴る。
　　夏の真昼の暑い時。

Sång om sommardagen

Den blå himlen rör sig inte
Inte ett moln syns till.
  Under sommarmiddagens tystnad
  Klarnar även tjärans glimmer.

Det är något visst med sommarhimlen
Något ömkligt finns där
  En bränd och oförskämd solros
  Blommar vid ortens tågstation.

Barn som uppfostras väl
Ger ljudet av en moderlig tågvissling.
  När den susar intill bergen.

När den susar intill bergen
Ges ljudet av en moderlig tågvissling.
  Det är kvavt om sommardagen.

夕照

丘々は、胸に手を当て
退けり。
落陽は、慈愛の色の
金のいろ。

原に草、
鄙唄うたひ
山に樹々、
老いてつましき心ばせ。

かゝる折しも我ありぬ
小児に踏まれし
貝の肉。

かゝるをりしも剛直の、
さあれゆかしきあきらめよ
腕拱みながら歩み去る。

Solnedgång

Kulle efter kulle, med händerna för bröstet
Retirerar.
Solnedgången, har givmildhetens färg
Färgen av guld.

Gräset på fältet
Ljuder för folket
Träden på bergen
Åldras utan anspråk.

Jag har ingenting som omsluter mig
Småbarn trampar på mig
Skaldjurskött.

Jag har ingenting, utom min integritet
Må så vara, jag ger upp
Går iväg, med armarna i kors.

港市の秋

石崖に、朝陽が射して
秋空は美しいかぎり。
むかふに見える港は、
　蝸牛（かたつむり）の角でもあるのか

町では人々煙管（きせる）の掃除。
　甍（いらか）は伸びをし
空は割れる。
役人の休み日――どてら姿だ。

『今度生れたら……』
海員が唄ふ。
『ぎーこたん、ばつたりしよ……』
狸婆々（たぬきばば）がうたふ。

　　港（みなと）の市（まち）の秋の日は、
　大人しい発狂。
　私はその日人生に、
　椅子を失くした。

Höst i hamnstaden

På bergsklippan, sticker morgonsolen ut
I hösthimlens fägring.
Hamnen på andra sidan,
spretar upp som snigelhorn

Människor i staden rengör sina pipor.
Takpannorna sträcker på sig
Himlen bryter upp.
Denna lediga dag -- -- folk i sina kimonos.

"Om jag föds på nytt....."
Sjunger sjömännen.
"Upp på gungbrädan, du....."
Sjunger kärringen.

    Denna dag denna höst
    Har hamnstaden blivit vuxet galen.
    Dagar som dessa
    Sadlade jag aldrig om.

ためいき
河上徹太郎に

ためいきは夜の沼にゆき、
瘴気（しやうき）の中で瞬きをするであらう。
その瞬きは怨めしさうにながれながら、パチンと音をたてるだらう。
木々が若い学者仲間の、頸すぢのやうであるだらう。

夜が明けたら地平線に、窓が開（あ）くだらう。
荷車を挽いた百姓が、町の方へ行くだらう。
ためいきはなほ深くして、
丘に響きあたる荷車の音のやうであるだらう。

野原に突出た山ノ端の松が、私を看守（みまも）つてゐるだらう。
それはあつさりしてても笑はない、叔父さんのやうであるだらう。
神様が気層の底の、魚を捕つてゐるやうだ。

空が曇つたら、蝗螽（いなご）の瞳が、砂土の中に覗くだらう。
遠くに町が、石灰みたいだ。
ピョートル大帝の目玉が、雲の中で光つてゐる。

En suck,

för Tetsutaro Kawakami*

Suckarna går mot nattens träsk

Det blinkas i miasma.

Blinkningarna har ett knäppande ljud, fyllda av förbittring.

Träden ser ut som unga stipendiater, nackarna tätt intill varandra.

När gryningen kommer, öppnas ett fönster mot horisonten.

Bönderna med sina knarrande kärror, går mot staden.

En djup suck,

ekar som släpkärror över kullen.

Pinjeträden på toppen av bergskanten, borde väl skydda mig.

Men som en farbror utan skratt, trotsar det sig fram trots sin enkla natur.

Som när gudar fångar fisk, i djupet av atmosfären.

När molnen hopar sig på himlen, dyker gräshoppans ögon upp genom
sanden.

På avstånd ser staden ut som kalksten.

Peter den stores ögonglober glimtar till genom molnen.

*Tetsutaro Kawakami (1902-1980) var en litteraturkritiker samtida med Chūya Nakahara.

春の思ひ出

摘み溜めしれんげの華を
　　　　夕餉に帰る時刻となれば
立迷ふ春の暮靄の
　　　　　土の上に叩きつけ

いまひとたびは未練で眺め
　　　　さりげなく手を拍きつつ
路の上を走りてくれば
　　　　（暮れのこる空よ！）

わが家へと入りてみれば
　　　　なごやかにうちまじりつつ
秋の日の夕陽の丘か炊煙か
　　　　われを暈めかすもののあり

　　　　　古き代の富みし館の
　　　　　　カドリール　ゆらゆるスカーツ
　　　　　　カドリール　ゆらゆるスカーツ
　　　　何時の日か絶えんとはする　カドリール！

Vårminnen

Blommorna jag plockat på mig
     Innan middagen jag kommer hem sent till
I en vår ståendes i skymningen
     Slänger jag dem till marken

Då och då när jag går över min ånger
     Klappar jag flyktigt bort den med mina händer
Och vägen jag rusar över
     (En himmel i skymningen!)

Den som äntrar mitt hus
     Kan göra det i frid
Fast något gör mig yr
     Om det är matos eller höstsolen, som går ner över kullen

          Detta lyxhus från äldre tider
               En kadrilj, kjolar som svänger
               En kadrilj, kjolar som svänger
          Någon dag lär det upphöra, denna kadrilj!

秋の夜空

これはまあ、おにぎはしい、
みんなてんでなことをいふ
それでもつれぬみやびさよ
いづれ揃つて夫人たち。
　　　　下界は秋の夜といふに
上天界のにぎはしさ。

すべすべしてゐる床の上、
金のカンテラ点いてゐる。
小さな頭、長い裳裾、
椅子は一つもないのです。
　　　　下界は秋の夜といふに
上天界のあかるさよ。

ほんのりあかるい上天界
遐き昔の影祭、
しづかなしづかな賑はしさ
上天界の夜の宴。
　　　　私は下界で見てゐたが、
知らないあひだに退散した。

Höstens natthimmel

Jomen, detta var väl festligt
Alla säger det mest löjliga saker
Om än bär det på en ouppnåelig skönhet
Alla fruar är här nu.
       Det är höstnatt här nere
Och fest i himlen ovanför.

På ett slät, rent golv
Tänds en gyllene lykta.
Inget huvud, inga fötter
Inte en endaste stol.
       Det är höstnatt här nere
Himlen ovanför är upplyst.

I den lätt upplysta himlen,
pågår en festival från äldre tider
I tystlåten brådska
En nattlig bankett i den övre himlen.
       Jag ser det från den här världen
Innan jag visste ordet av var det borta.

宿酔

朝、鈍い日が照つてて
　　風がある。
千の天使が
　　バスケツトボールする。

私は目をつむる、
　　かなしい酔ひだ。
もう不用になつたストーヴが
　　白つぽく錆びてゐる。

朝、鈍い日が照つてて
　　風がある。
千の天使が
　　バスケツトボールする。

Baksmälla

Den morgonen, en långsam sol tittar fram
        Och det blåser.
Tiotusen änglar
        spelar basket.

Jag blundar, stänger mina ögon
        En ledsam fylla.
En spis utan funktion
        Den är vit och den rostar.

Den morgonen, en långsam sol tittar fram
        Och det blåser.
Tiotusen änglar
        spelar basket.

少年時

Barndom

少年時

　　<ruby>黝<rt>あをぐろ</rt></ruby>い石に夏の日が照りつけ、
庭の地面が、朱色に睡つてゐた。

地平の果に蒸気が立つて、
世の亡ぶ、<ruby>兆<rt>きざし</rt></ruby>のやうだつた。

麦田には風が低く打ち、
おぼろで、灰色だつた。

<ruby>翔<rt>と</rt></ruby>びゆく雲の落とす影のやうに、
田の<ruby>面<rt>も</rt></ruby>を過ぎる、昔の巨人の姿——

夏の日の<ruby>午<rt>ひる</rt></ruby>過ぎ時刻
誰彼の<ruby>午睡<rt>ひるね</rt></ruby>するとき、
私は野原を走つて行つた……

私は希望を唇に噛みつぶして
私はギロギロする目で諦めてゐた……
<ruby>噫<rt>ああ</rt></ruby>、生きてゐた、私は生きてゐた！

Barndom

Skivor av skiffer glänste i sommarsolen
Jorden i trädgården syntes sova i cinnober.

Ånga steg från änden av horisonten
Ett tecken på jordens undergång, kändes det som.

Vinden slog lågt mot vetefälten
En vag, grå färg.

Likt skuggor formade av flygande moln,
rör sig forna tiders jättar över risfältens yta----

När klockan passerat lunch
När alla sover,
sprang jag över fälten.....

Jag bet i hoppet som satt om mina läppar
Såg mig omkring och gav upp.....
Men åh, jag hade levt, jag hade levt!

盲目の秋

I

風が立ち、浪が騒ぎ、
　　無限の前に腕を振る。

その間^{かん}、小さな 紅^{くれなゐ} の花が見えはするが、
　　それもやがては潰れてしまふ。

風が立ち、浪が騒ぎ、
　　無限のまへに腕を振る。

もう永遠に帰らないことを思つて
　　酷^{こくはく}白な嘆息するのも幾たびであらう……

私の青春はもはや堅い血管となり、
　　その中を曼珠沙華^{ひがんばな}と夕陽とがゆきすぎる。

それはしづかで、きらびやかで、なみなみと湛^{たた}へ、
　　去りゆく女が最後にくれる笑^{ゑま}ひのやうに、

厳^{おごそ}かで、ゆたかで、それでゐて佗^{わび}しく
　　異様で、温かで、きらめいて胸に残る……

　　　　　　あゝ、胸に残る……

風が立ち、浪が騒ぎ、
　　無限のまへに腕を振る。

II

これがどうならうと、あれがどうならうと、
そんなことはどうでもいいのだ。

これがどういふことであらうと、それがどういふことであらうと、
そんなことはなほさらどうだつていいのだ。

人には自恃（じじ）があればよい！
その余はすべてなるまゝだ……

自恃だ、自恃だ、自恃だ、自恃だ、
ただそれだけが人の行ひを罪としない。

平気で、陽気で、藁束（わらたば）のやうにしむみりと、
朝霧を煮釜に填（つ）めて、跳起きられればよい！

III

私の聖母（サンタ・マリヤ）！
　とにかく私は血を吐いた！……
おまへが情けをうけてくれないので、
　とにかく私はまゐつてしまつた……

それといふのも私が素直でなかつたからでもあるが、
　それといふのも私に意気地がなかつたからでもあるが、
私がおまへを愛することがごく自然だつたので、
　おまへもわたしを愛してゐたのだが……

おゝ！　私の聖 母（サンタ・マリヤ）！
　　いまさらどうしやうもないことではあるが、
せめてこれだけ知るがいい——

ごく自然に、だが自然に愛せるといふことは、
　　そんなにたびたびあることでなく、
そしてこのことを知ることが、さう誰にでも許されてはゐないのだ。

IIII

せめて死の時には、
あの女が私の上に胸を披（ひら）いてくれるでせうか。
　　その時は白粉（おしろい）をつけてゐてはいや、
　　その時は白粉をつけてゐてはいや。

ただ静かにその胸を披いて、
私の眼に輻射してゐて下さい。
　　何にも考へてくれてはいや、
　　たとへ私のために考へてくれるのでもいや。

ただはららかにはららかに涙を含み、
あたたかく息づいてゐて下さい。
——もしも涙がながれてきたら、

いきなり私の上にうつ俯して、
それで私を殺してしまつてもいい。
すれば私は心地よく、うねうねの瞑土（よみぢ）の径を昇りゆく。

Blind höst

I

Vinden stiger, vågorna brusar
    Jag viftar med armarna framför det oändliga.

I denna stund, syns en röd liten blomma
    Men den kommer också snart att vittra.

Vinden stiger, vågorna brusar
    Jag viftar med armarna framför det oändliga.

Otaliga, otäcka suckar slår mig
    Vid tanken på att aldrig mer återvända.

Min ungdom är en härdad ven
    Genom vilka tempelliljor och solnedgången passerar.

Det är tyst, det glittrar, det svämmar över
    Likt leendet på en kvinna som tar avsked

Det är högtidligt, rikt, och ändå så dystert
    Ett underligt, varmt sken i mitt bröst
        Åh, i mitt bröst.....

Vinden stiger, vågorna brusar
    Jag viftar med armarna framför det oändliga.

II

Vad som än händer, vad som än sker
Det får bli som det blir.

Vad man än säger, vad det än ger
Det struntar jag väl i.

Människor behöver självrespekt!
Allt annat kommer sen.....

Självrespekt, självrespekt, självrespekt, självrespekt
Blott med det blir samvetet rent

Lugn, glad, resilient som en höbunt
Lägg locket på morgonens dimma, och vakna upp med en studs!

III

Min jungfru Maria!
        I varje fall spydde jag blod!.....

För du gav mig ingen nåd
        I varje fall har jag förlorat.....

Till detta vill jag säga, att jag saknade ryggrad
        Till detta vill jag säga, att jag saknade mod
Men jag älskade dig, väldigt naturligt
        Såsom du älskade mig.....

Åh! Jungfru Maria!
        Det är inget vi kan göra åt

Men du borde åtminstone få veta -- --

Att älska någon naturligt, väldigt naturligt
        Är inte alldeles vanligt
Och det är inte för vemsomhelst att veta.

IIII

I slutändan när vi dör
Kommer hon visa mig sina bröst.
        Gör det då utan smink
        Gör det utan smink.

Visa mig bara försiktigt dina bröst
Låta det stråla in i mina ögon.
        Tänk inte på något.
        Tänk inte ens på mig, för min skull.

Håll tillbaka, håll tillbaka tårarna
Vänligen andas varmt.
---- Om tårarna ändå skulle falla,

Sätt dig ovanpå mig med ansiktet nedåt
Döda mig om du vill.
Då ska jag med glädje resa mig uppför den böljande vägen, och falla ner i
glömska.

わが喫煙

おまへのその、白い二本の脛が、
　　夕暮、港の町の寒い夕暮、
によきによきと、ペエヴの上を歩むのだ。
　　店々に灯がついて、灯がついて、
私がそれをみながら歩いてゐると、
　　おまへが声をかけるのだ、
どつかにはひつて憩みませうよと。

そこで私は、橋や荷足を見残しながら、
　　レストオランに這入るのだ――
わんわんいふ喧騒、むつとするスチーム、
　　さても此処は別世界。
そこで私は、時宜にも合はないおまへの陽気な顔を眺め、
　　かなしく煙草を吹かすのだ、
一服、一服、吹かすのだ……

Mitt rökande

Där går du, du och dina vita skenben
        I skymningen, i hamnstadens svala skymning
Går du på asfalten, gatan upp och gatan ner.
        Affärerna lyser upp, lyser upp
Jag ser det medan jag går
        Du ropar något till mig
Låt oss gå någonstans för lugn och ro.

Så jag lämnade bron och lastfartygen bakom mig
        Kliver in på en restaurang----
Stigande ånga, liv och rörelse
        Som en helt annan värld.
Där synar jag ditt glada ansikte, i kontrast till att du röker
        Sorgligt nog på min cigarett
Igen och igen, på min cigarett.....

妹よ

夜、うつくしい魂は涕いて、
　　　　——かの女こそ正当《あたりき》なのに——
夜、うつくしい魂は涕いて、
　　　もう死んだつていいよう……といふのであつた。

湿つた野原の黒い土、短い草の上を
　　　夜風は吹いて、
死んだつていいよう、死んだつていいよう、と、
　　　うつくしい魂は涕くのであつた。

夜、み空はたかく、吹く風はこまやかに
　　　——祈るよりほか、わたくしに、すべはなかつた……

Systra mi

Om natten, gråter en vacker ande
    -- -- Rättfärdigad var hon -- --
Om natten, gråter en vacker ande
    Jag må dö nu ...... lät det som.

På det fuktiga fältet över den svarta jorden, och över det korta gräset
    Blåser en nattlig vind
Jag må dö nu, jag må dö nu,
    grät den vackra anden.

Om natten, när himlen är hög och vinden blåser lätt
    --- --- Fanns det inget annat för mig, än att be en bön.....

寒い夜の自我像

きらびやかでもないけれど
この一本の手綱をはなさず
この陰暗の地域を過ぎる！
その志明らかなれば
冬の夜を我は嘆かず
人々の憔悴のみの愁しみや
憧れに引廻される女等の鼻唄を
わが瑣細なる罰と感じ
そが、わが皮膚を刺すにまかす。

踉蹌めくままに静もりを保ち、
　聊かは儀文めいた心地をもつて
われはわが怠惰を諌める
寒月の下を往きながら。

陽気で、坦々として、而も己を売らないことをと、
わが魂の願ふことであつた！

En kall natts självporträtt

Om än knappast praktfull,
släpper jag inte taget om denna tygel,
genom mörka territorium!
När viljan klarnat,
ska jag inte sörja denna vinternatt
Människors sorg och ledsamhet,
eller hummande flickor som rycks med av strävan
Känslan är ett lättsamt straff för mig,
som nålstick på min hud.

Jag håller mig lugn medan jag vacklar
Känslan som i en ritual,
påtalar jag min lathet
Alltmedan jag går under den kalla månen.

Jag önskar jag vore glad och hel, att jag inte behövde sälja ut mig själv
Min själ bad ju för det!

木蔭

神社の鳥居が光をうけて
楡（にれ）の葉が小さく揺すれる
夏の昼の青々した木蔭は
私の後悔を宥（なだ）めてくれる

暗い後悔　いつでも附纏ふ後悔
馬鹿々々しい破笑にみちた私の過去は
やがて涙つぽい晦瞑（くわいめい）となり
やがて根強い疲労となつた

かくて今では朝から夜まで
忍従することのほかに生活を持たない
怨みもなく喪心したやうに
空を見上げる私の眼（まなこ）——

神社の鳥居が光をうけて
楡の葉が小さく揺すれる
夏の昼の青々した木蔭は
私の後悔を宥めてくれる

Trädskugga

Templets port hämtar solljus
Almträdets löv svajar lätt
Skuggan i sommardagens grönska
Lindrar lätt min ånger

Dyster ånger - en ånger som varar
Mitt förflutna jag, fylld av dåraktiga skratt
Idag fylld av melankoli
Idag en djupt rotande trötthet

Så idag, från morgon till kväll
Har jag inget annat liv än att leva
Som att jag sörjde utan avund
Mina ögon upp mot skyn -- --

Templets port hämtar solljus
Almträdets löv svajar lätt
Skuggan i sommardagens grönska
Lindrar lätt min ånger

失せし希望

暗き空へと消え行きぬ
　　わが若き日を燃えし希望は。

夏の夜の星の如くは今もなほ
　　遙きみ空に見え隠る、今もなほ。

暗き空へと消えゆきぬ
　　わが若き日の夢は希望は。

今はた此処に打伏して
　　獣の如くは、暗き思ひす。

そが暗き思ひいつの日
　　晴れんとの知るよしなくて、

溺れたる夜の海より
　　空の月、望むが如し。

その浪はあまりに深く
　　その月はあまりに清く、

あはれわが若き日を燃えし希望の
　　今ははや暗き空へと消え行きぬ。

Tappat hopp

Det som tynar bort i himlens mörker
    Är hoppet som en gång brann i min ungdom.

Som en stjärna ännu i sommarnatten
    Försvinner ännu en på himlavalvet.

Ty det som tynar bort i himlens mörker
    Är drömmar och hopp från min ungdom.

Se hur jag krälar här på marken
    Lik en best, är mina mörka tankar.

När dessa mörka tankar skingras
    Är ingenting jag vet

Det känns som att jag faller ner i havet
    Och ser månen från botten, där uppe i toppen

Vågorna är alldeles för djupa
    Månen alldeles för klar

Åh, hoppet som en gång brann i min ungdom
    Tynar nu bort, i himlens mörker.

夏

血を吐くやうな　倦（もの）うさ、たゆけさ
今日の日も畑に陽は照り、麦に陽は照り
睡るがやうな悲しさに、み空をとほく
血を吐くやうな倦うさ、たゆけさ

空は燃え、畑はつづき
雲浮び、眩しく光り
今日の日も陽は炎（も）ゆる、地は睡る
血を吐くやうなせつなさに。

嵐のやうな心の歴史は
終焉（をは）つてしまつたもののやうに
そこから繰れる一つの　緒（いとぐち）　もないもののやうに
燃ゆる日の彼方（かなた）に睡る。

私は残る、亡骸（なきがら）として——
血を吐くやうなせつなさかなしさ。

Sommaren

Som att spy blod, en trötthet och lättnad
Solen lyser även idag, på vetet och på fältet
En sömnig ledsamhet, tittar vi upp mot på himlen
Som att spy blod, en trötthet och lättnad

Himlen brinner, fälten fortsätter
Molnen flyter, lyser starkt
Solen gassar, alltmedan jordklotet sover
Som att spy blod - i hjärtesorg.

Som en storm är hjärtats historia
Som att det är på väg mot sitt slut
Som en sträng utan koppling
Sover jag bakom den brinnande solen.

Jag är kvar, lik ett lik----
Som att spy blod i hjärtesorg

心象

I

松の木に風が吹き、
踏む砂利の音は寂しかつた。
暖い風が私の額を洗ひ
思ひははるかに、なつかしかつた。

腰をおろすと、
浪の音がひときは聞えた。
星はなく
空は暗い綿だつた。

とほりかかつた小舟の中で
船頭がその女房に向つて何かを云つた。
――その言葉は、聞きとれなかつた。

浪の音がひときはきこえた。

II

亡びたる過去のすべてに
涙湧く。
城の塀乾きたり
風の吹く

草靡く

丘を越え、野を渉り
憩ひなき

白き天使のみえ来ずや

あはれわれ死なんと欲す、
あはれわれ生きむと欲す
あはれわれ、亡びたる過去のすべてに

涙湧く。
み空の方より、
風の吹く

Intryck

I

Vinden blåste mot tallarna
Mina fötter på gruset lät ensamma.
En varm vind renade mitt ansikte
Tankarna var mest av allt, nostalgiska.

När jag satte mig ner
Kunde jag höra ljudet av vågorna.
Det fanns inga stjärnor
Himlen var som svart bomull.

I en liten båt längre ut,
sa en sjöman något till sin fru
-- Hans ord var ohörbara.

Ljudet av vågor svepte över mig.

II

Det förflutna som förflutit
Får mina ögon att tåras.
Slottets väggar torkar
Vinden blåser

Gräset fladdrar
Över kullen, genom fältet
Ingen rast, ingen ro

Ingen vit ängel så långt ögat kan nå

Åh, jag hade velat leva
Åh, jag hade velat dö
Åh, för allt det förflutna som förflutit.

Ögonen tåras.
Från himlen
Blåser vinden.

みちこ

Michiko

みちこ

そなたの胸は海のやう
おほらかにこそうちあぐる。
はるかなる空、あをき浪、
涼しかぜさへ吹きそひて
松の梢をわたりつつ
磯白々とつづきけり。

またなが目にはかの空の
いやはてまでもうつしゐて
竝びくるなみ、 渚 なみ、
いとすみやかにうつろひぬ。
みるとしもなく、ま帆片帆
沖ゆく舟にみとれたる。

またそののうつくしさ
ふと物音におどろきて
午睡の夢をさまされし
牡牛のごとも、あどけなく
かろやかにまたしとやかに
もたげられ、さてうち俯しぬ。

しどけなき、なれが 頸 は虹にして
ちからなき、嬰児ごとき 腕 して
絃 うたあはせはやきふし、なれの踊れば、
海原はなみだぐましき 金 にして夕陽をたたへ
沖つ瀬は、いよとほく、かしこしづかにうるほへる
空になん、汝の息絶ゆるとわれはながめぬ。

Michiko

Dina bröst är som havet
Slår hårt som en storm.
Himlen är långt borta, vågorna blå
Det blåser en kall bris
Över topparna på tallen
Stranden är vit, fortsättningsvis.

Dina ögon är som himlen
Reflekteras även långt bortifrån
Vågorna som kommer, en efter en
Rör sig fort och försvinner
I ett ögonblick, ett segel
En båt som rör sig från kusten.

Det vackra med din panna
Som ett ljud från det blå
En dröm du vaknar upp ur
När en tjur, ändå oskyldig
Mild och nådig
Reser på sitt huvud, och faller i sömn.

Din nacke är en regnbåge
Böjd utan styrka, armar lik en bebis
Och när du dansar till en rytmisk melodi
Blir havet till guld, i par med solen
Strömmen från kusten, ljuder glatt men långt bortifrån
Jag tittar upp mot himlen, och ser dina andetag försvinna.

汚れつちまつた悲しみに……

汚れつちまつた悲しみに
今日も小雪の降りかかる
汚れつちまつた悲しみに
今日も風さへ吹きすぎる

汚れつちまつた悲しみは
たとへば狐の革裘
汚れつちまつた悲しみは
小雪のかかつてちぢこまる

汚れつちまつた悲しみは
なにのぞむなくねがふなく
汚れつちまつた悲しみは
倦怠のうちに死を夢む

汚れつちまつた悲しみに
いたいたしくも怖気づき
汚れつちまつた悲しみに
なすところもなく日は暮れる……

Fläckad ensamhet.....

Fläckad av ensamhet
Se hur det snöar, idag igen
Fläckad av ensamhet
Se hur det blåser, idag igen

Fläckad ensamhet
Är som rävens päls
Fläckad ensamhet
Kryper ihop i takt med snön

Fläckad ensamhet
Är att varken be eller önska sig något
Fläckad ensamhet
Är att håglöst sträva efter döden

Fläckad av ensamhet
Full av ömkan, kvar i skräck
Fläckad av ensamhet
Ingen väg ut, när dagen blir till kväll.....

無題

I

こひ人よ、おまへがやさしくしてくれるのに、
私は強情だ。ゆうべもおまへと別れてのち、
酒をのみ、弱い人に毒づいた。今朝
目が覚めて、おまへのやさしさを思ひ出しながら
私は私のけがらはしさを歎いてゐる。そして

正体もなく、今茲に告白をする、恥もなく、
品位もなく、かといつて正直さもなく
私は私の幻想に駆られて、狂ひ廻る。
人の気持ちをみようとするやうなことはつひになく、
こひ人よ、おまへがやさしくしてくれるのに
私は 頑 なで、子供のやうに我儘だつた！
目が覚めて、宿 酔 の厭ふべき頭の中で、
戸の外の、寒い朝らしい気配を感じながら
私はおまへのやさしさを思ひ、また毒づいた人を思ひ出す。
そしてもう、私はなんのことだか分らなく悲しく、
今朝はもはや私がくだらない奴だと、 自 ら信ずる！

II

彼女の心は真つ直い！
彼女は荒々しく育ち、
たよりもなく、心を汲んでも
もらへない、乱雑な中に
生きてきたが、彼女の心は
私のより真つ直いそしてぐらつかない。

彼女は美しい。わいだめもない世の渦の中に
彼女は賢くつつましく生きてゐる。
あまりにわいだめもない世の渦のために、
折に心が弱り、弱々しく躁（さわ）ぎはするが、
而（しか）もなほ、最後の品位をなくしはしない
彼女は美しい、そして賢い！

嘗（かつ）て彼女の魂が、どんなにやさしい心をもとめてゐたかは！
しかしいまではもう諦めてしまつてさへゐる。
我利々々で、幼稚な、獣（けもの）や子供にしか、
彼女は出遇（であ）はなかつた。おまけに彼女はそれと識（し）らずに、
唯、人といふ人が、みんなやくざなんだと思つてゐる。
そして少しはいぢけてゐる。彼女は可哀想だ！

III

かくは悲しく生きん世に、なが心
かたくなにしてあらしめな。
われはわが、したしさにはあらんとねがへば
なが心、かたくなにしてあらしめな。

かたくなにしてあるときは、心に眼（まなこ）
魂に、言葉のはたらきあとを絶つ

なごやかにしてあらんとき、人みなは生（あ）れしながらの
うまし夢、またそがことわり分ち得ん。

おのが心も魂も、忘れはて棄て去りて

悪酔の、狂ひ心地に美を索む
わが世のさまのかなしさや、

おのが心におのがじし湧きくるおもひもたずして、
人に勝らん心のみいそがはしき
熱を病む風景ばかりかなしきはなし。

IIII

私はおまへのことを思つてゐるよ。
いとほしい、なごやかに澄んだ気持の中に、
昼も夜も浸つてゐるよ、
まるで自分を罪人ででもあるやうに感じて。

私はおまへを愛してゐるよ、精一杯だよ。
いろんなことが考へられもするが、考へられても
それはどうにもならないことだしするから、
私は身を棄ててお前に尽さうと思ふよ。

またさうすることのほかには、私にはもはや
希望も目的も見出せないのだから
さうすることは、私に幸福なんだ。

幸福なんだ、世の 煩 ひのすべてを忘れて、
いかなることとも知らないで、私は
おまへに尽せるんだから幸福だ！

V　幸福

幸福は 厩（うまや） の中にゐる
藁（わら）の上に。
幸福は
和める心には一挙にして分る。

　頑（かたく） なの心は、不幸でいらいらして、
せめてめまぐるしいものや
数々のものに心を紛らす。
そして益々（ますます）不幸だ。

幸福は、休んでゐる
そして明らかになすべきことを
少しづつ持ち、
幸福は、理解に富んでゐる。

　頑なの心は、理解に欠けて、
なすべきをしらず、ただ利に走り、
意気銷沈して、怒りやすく、
人に嫌はれて、自らも悲しい。

されば人よ、つねにまづ従はんとせよ。
従ひて、迎へられんとには非ず、
従ふことのみ学びとなるべく、学びて
汝が品格を高め、そが働きの裕（ゆた）かとならんため！

Ingen titel

I

Min älskade, även om du varit snäll mot mig,
har jag varit trotsig mot dig. Igår efter att vi skiljdes åt,
drack jag sprit, förgiftade en vekling. Denna morgon,
vaknade jag upp och mindes din vänlighet,
och förbannar mina åkommor. Och mer därtill,
jag har ingen karaktär, helt ärligt, utan tvivel,
ingen värdighet, ingen heder --
jag drivs av illusioner, och blir galen.
Jag har aldrig försökt förstå andra människors känslor,
men du, min älskade, har alltid varit snäll mot mig,
och jag var vrång, envis som ett barn!
Jag vaknade upp, kände tecken på en kall morgon,
öppnade dörren, om än plågad av bakfylla,
kom jag att tänka på din vänlighet, och personen jag förgiftade.
Och nu känner jag bara en obeskrivlig ledsamhet, vet ej vem jag är --
om än denna morgon, känner jag mig som en idiot!

II

Hon har ett stadigt hjärta!
Hon hade en hård uppväxt,
utan tillit, utan sympatier
Hon försåg sig själv, i en röra
levde hon, ändå är hennes hjärta,
renare och stadigare än mitt.

Hon är vacker. I en värld utan distinktioner,
lever hon vist och anspråkslöst.
För i en virvelvind utan distinktioner,
kan hjärtat krumpna, försvagas och tappa vettet
Men hon tappar aldrig i värdighet
Hon är vacker, hon är klok!

Hennes ande sökte väl en gång, ett ömt och vänligt hjärta!
Men nu har hon gett upp.
Själviska, omogna, vilda barn,
är allt hon har stött på. Hon känner inte till något annat,
än människor, alla människor, som gangsters.
Nu har hon tröttnat. Stackars flicka!

III

Så i denna ledsamma värld lever du, ditt hjärta
Vik det inte åt trotsigheten.
För även om jag vill leva med dig
Ditt hjärta, vik det inte åt trotsigheten.

När det viker sig ändå, se till ditt hjärta
Se till din ande, tappa inte meningen
Ty när hjärtat är i fred, söks samma söta drömmar
som när vi var små.

Min ande och mitt eget hjärta, är glömt och övergivet
I fyllan och i galenskapen, söker jag det vackra
Hur sorglig är inte världen jag lever i.

I mitt hjärta finns inte viljan att göra som det säger
Istället viker det sig för kamp, viljan att segra över andra
Det finns inget sorgligare än febern i dessa scener.

IIII

Jag tänker på dig, hela tiden.
En stark, lugn och klar känsla inom mig
Försjunken i tankar dag och natt,
förställer jag mig som en syndare.

Jag älskar dig, så otroligt mycket
Det finns så mycket att tänka på, men även om jag tänker på det
Så kan det inte hjälpas
Jag vill ge upp mig själv, och hänge mig åt dig.

Utöver det har jag inget annat
Inget hopp, inga ändamål
Att hänge mig åt dig är min enda lycka.

Ja, lycka – att glömma alla världens bekymmer
Utan koll på någonting, då jag är
bara hängiven dig, för lyckans skull!

V   Lycka

Lyckan är i stallet
Vilandes på halm.
Lyckan är
I par med ett lugnande hjärta.

Ett envist hjärta är olyckligt och irriterat
I bästa fall förbryllande
Men hela tiden distraherad av olika ting.
I slutändan växer bara olyckan.

Lyckan vilar
Och vad det får i uppgift
Hanteras var för sig
Lyckan är rik på omdöme.

Ett trotsigt hjärta saknar omdöme.
Det vet inte vad det vill, bara vad som tjänar mest
Trumpen och ilsken,
avskydd av andra, ledsam i sig själv.

Så människor, lär er lyssna på andra.
Lär er hörsamma, inte för att bli omtyckt,
utan för att lära, för lärandets skull
För att berika ditt arbete, och förbättra din värdighet!

更くる夜
内海誓一郎に

毎晩々々、夜が更けると、近所の湯屋の
　　　水汲む音がきこえます。
流された残り湯が湯気となつて立ち、
　　　昔ながらの真つ黒い武蔵野の夜です。
おつとり霧も立罩めて
　　　その上に月が明るみます、
と、犬の遠吠がします。

その頃です、僕が囲炉裏の前で、
　　　あえかな夢をみますのは。
随分……今では損はれてはゐるものの
　　　今でもやさしい心があつて、
こんな晩ではそれが徐かに呟きだすのを、
　　　感謝にみちて聴きいるのです、
感謝にみちて聴きいるのです。

Natten faller

Till Seiichiro Utsumi*

Sent om kvällen, när natten faller på, hörs det ett ljud
    Vatten som tappas från ett badhus.
Det rinnande vattnet som blir kvar blir till ånga
    En traditionsenlig svart natt i Musashino.
En stilla dimma breder ut sig
    Över den reser sig månen
Och med det, hunden som ylar.

Det var där och då, framför eldstaden,
    som jag såg en flyktig dröm.
En del av verkligheten faller bort,
    fastän mitt hjärta är gott
Nätter som dessa, lyssnar jag till det stilla sorlet
    Med tacksamhet lyssnar jag
Med tacksamhet lyssnar jag.

*Seiichiro Utsumi (1902-1995) var en pianist, sedermera kemist, som skrev musik till Nakaharas dikter.

つみびとの歌
　　阿部六郎に

わが生は、下手な植木師らに
あまりに夙（はや）く、手を入れられた悲しさよ！
由来わが血の大方は
頭にのぼり、煮え返り、滾（たぎ）り泡だつ。

おちつきがなく、あせり心地に、
つねに外界に索（もと）めんとする。
その行ひは愚かで、
その考へは分ち難い。

かくてこのあはれなる木は、
粗硬な樹皮を、空と風とに、
心はたえず、追惜のおもひに沈み、

懶懦（らんだ）にして、とぎれとぎれの仕草をもち、
人にむかつては心弱く、諂（へつら）ひがちに、かくて
われにもない、愚事のかぎりをしでか仕出来（しでか）してしまふ。

Syndarens sång

Till Rokuro Abe*

Mitt liv, sen jag var ung,

har skötts dåligt, vilken sorg!

Så mycket av mitt blod

Rusar mot mitt huvud, kokar och blir skum.

Rastlös och ängslig, ut i det oändliga

Försöker nå den yttre världen.

Så svårt att förstå

Hur man tänker, hur det går.

Så detta sköra träd,

med barken grov, mot himmel och storm

Har ett hjärta som faller, ner i ånger och sorg

Lättjefull, med krampaktiga uttryck

Svag och tveksam inför andra

Det är inte jag, men ändå är det jag, som inte får till något bra.

*Rokuro Abe (1904-1957) var en konst- och litteraturkritiker specificerad på Tyskland.

秋

Höst

秋

1

昨日まで燃えてゐた野が
今日茫然として、曇つた空の下（もと）につづく。
一雨毎に秋になるのだ、と人は云ふ
秋蝉は、もはやかしこに鳴いてゐる、
草の中の、ひともとの木の中に。

僕は煙草を喫ふ。その煙が
澱（よど）んだ空気の中をくねりながら昇る。
地平線はみつめようにもみつめられない
陽炎（かげろふ）の亡霊達が起（た）つたり坐つたりしてゐるので、
——僕は蹲（しゃが）んでしまふ。

鈍い金色を帯びて、空は曇つてゐる、——相変らずだ、——
とても高いので、僕は俯（うつむ）いてしまふ。
僕は倦怠を観念して生きてゐるのだよ、
煙草の味が三通りくらゐにする。
死ももう、とほくはないのかもしれない……

2

『それではさよならといつて、
めうに真鍮（しんちゆう）の光沢かなんぞのやうな笑を湛（たた）へて彼奴（あいつ）は、
あのドアの所を立ち去つたのだつたあね。
あの笑ひがどうも、生きてる者のやうぢやあなかつたあね。
彼奴の目は、沼の水が澄んだ時かなんかのやうな色をしていたあね。

話してる時、ほかのことを考へてゐるやうだつたあね。
短く切つて、物を云ふくせがあつたあね。
つまらない事を、細かく覚えていたりしたあね。』

『ええさうよ。——死ぬつてことが分かつてゐたのだわ？
星をみてると、星が僕になるんだなんて笑つてたわよ、たつた先達<ruby>先達<rt>せんだつて</rt></ruby>よ。
…………………………………………………………………………
たつた先達よ、自分の下駄を、これあどうしても僕のぢやないつていふの
よ。』

　　3

草がちつともゆれなかつたのよ、
その上を蝶々がとんでゐたのよ。
<ruby>浴衣<rt>ゆかた</rt></ruby>を着て、あの人縁側に立つてそれを見てるのよ。
あたしこつちからあの人の様子　見てたわよ。
あの人ジッと見てるのよ、黄色い蝶々を。
お豆腐屋の笛が方々で聞えてゐたわ、
あの電信柱が、夕空にクッキリしてて、
——僕、つてあの人あたしの方を振向くのよ、
昨日三十貫くらゐある石をコジ起しちやつた、つてのよ。

——まあどうして、どこで？つてあたし<ruby>訊<rt>き</rt></ruby>いたのよ。
するとね、あの人あたしの目をジッとみるのよ、
怒つてるやうなのよ、まあ……あたし怖かつたわ。

死ぬまへつてへんなものねえ……

Höst

1

Fälten som brann igår
Idag syns de i dvala, under en molnig himmel.
Hösten kommer med varje regn, sägs det
Höstens cikador hörs nu överallt
I gräset, i träden.

Jag röker en cigarett. Röken,
stiger och vrider sig i den stillastående luften.
Jag kan inte se horisonten även om jag velat
Värmedisets spöken vaknar och lägger sig
---- Jag hukar mig.

Himlen har en ton av mattat guld, i övrigt full av moln --- som vanligt ---
syns himlen högt i skyn, jag hänger huvudet bakåt.
Jag har accepterat tröttheten i livet
Jag känner smaken av tobak på tre olika vis.
Döden, kanske inte är så långt härifrån.....

2

"Sedan sa han adjö,
gick väl ut genom dörren med ett skimmer av mässing i leendet.
Hans leende var väl knappast en levande persons.
Hans ögon hade färgen av träskvatten.
Han sa väl något, men såg ut att tänka på något annat.
Fattade sig väl kort, med det han ville säga.

Allt det tråkiga, mindes han i detalj."

"Jamen ---- Han visste väl att han skulle dö?
Han såg upp mot stjärnorna och sa: 'där ska jag va', det var alldeles
häromdan.
....
Alldeles häromdan, såg han ner på sina skor och sa: 'dessa är inte mina,
inte alls jag.'"

3

Ja, gräset rörde sig inte alls
Fjärilar flög över det.
Jag såg han på verandan, ståendes i yukata
Ja, jag följde hans rörelser ända härifrån
Han stirrade på en fjäril, en gul.
Jo, man kunde höra tofuhandlarens flöjt från alla håll
Den där telefonstolpen, bländar en i kvällsljuset
-- -- Du, sa han och vände sig mot mig,
Igår reste jag en hundra kilo tung sten
-- -- Vart då, varför då? frågade jag honom.
Ja, då stirrade han på mig
Såg ut att vara arg, själv..... var jag väl mest rädd.

Det är lustigt vad som sker, innan en dör.....

修羅街輓歌
関口隆克に

序歌

忌はしい憶ひ出よ、
去れ！　そしてむかしの
憐みの感情と
ゆたかな心よ、
返つて来い！

　　今日は日曜日
　　縁側には陽が当る。
　　——もういつぺん母親に連れられて
　　祭の日には風船玉が買つてもらひたい、
　　空は青く、すべてのものはまぶしくかゞやかしかつた……

忌はしい憶ひ出よ、
去れ！
　　　去れ去れ！

II　酔生

私の青春も過ぎた、
——この寒い明け方の鶏鳴よ！
私の青春も過ぎた。

ほんに前後もみないで生きて来た……
私はあむまり陽気にすぎた？
——無邪気な戦士、私の心よ！

それにしても私は憎む、
対外意識にだけ生きる人々を。
――パラドクサルな人生よ。

いま茲に傷つきはてて、
――この寒い明け方の鶏鳴よ！
おゝ、霜にしみらの鶏鳴よ……

　　　III　独語

器の中の水が揺れないやうに、
器を持ち運ぶことは大切なのだ。
さうでさへあるならば
モーションは大きい程いい。

しかしさうするために、
もはや工夫を凝らす余地もないなら……
心よ、
謙抑にして神恵を待てよ。

　　　　IIII

いといと淡き今日の日は
雨蕭々と降り洒ぎ
水より淡き空気にて
林の香りすなりけり。

げに秋深き今日の日は
石の響きの如くなり。

思ひ出だにもあらぬがに
まして夢などあるべきか。

まことや我は石のごと
影の如くは生きてきぬ……
呼ばんとするに言葉なく
空の如くははてもなし。

それよかなしきわが心
いはれもなくて 拳 する
誰をか責むることかある？
せつなきことのかぎりなり。

Staden Shuras klagosång
Till Sekiguchi Takakatsu*

Ouvertyr

Jag minns det ondskefulla
Försvinn! Och känslor från förr
Känslan av medlidande
Och berikande hjärtan
Kom tillbaka!

Idag är det söndag
Solen lyser på verandan.
 -- -- I ett ögonblick tas jag till min mor
Jag önskade mig såpbubblor på festivalen
Himlen var blå, allting sken och bländade.....

Jag minns det ondskefulla
Försvinn!
Försvinn!

II   Berusad

Min ungdom är bakom mig
-- -- Ljudet av en tupp tidig kall morgon!
Min ungdom är bakom mig.

Jag har levt utan att titta framåt eller bakåt.....
Har jag varit för spontan?

-- -- En oskyldig krigare, det är jag!

Ändå föraktar jag dem
Dem som bryr sig om vad andra människor tycker.
-- -- Mitt liv, det är paradoxalt.

Nu är jag här, full av plågor
-- -- Ljudet av en tupp tidig kall morgon!
Åh, frosten, och tuppljuden.....

III   Monolog

Bär kärlet så att vattnet inuti inte rör sig
Bär det för att du bryr dig.
Men om du nödvändigtvis måste
Gör det i stora rörelser.

Men för att göra just det
När det inte finns utrymme att lyckas.....
Åh, hjärtat,
Var ödmjuk och invänta nåd.

IIII

Idag är en blek dag
Regnet öser ner
Luften är blekare än vattnet
En doft av skog.

Idag när hösten ligger djup
Hörs ljudet från en rullande sten.

Fastän minnena försvinner
Borde inte drömmar finnas kvar?

Jag är i sanning som en sten
Jag har levt som i en skugga.....
När jag ropar finns inga ord
De försvinner med luften, i det oändliga.

Mitt ledsamma jag
Hytter näven utan anledning
Vem ska man skylla på?
Det går inte.

*Sekiguchi Takakatsu (1904-1987) var, liksom pianisten/kemisten Seiichiro Utsumi, del av samma musiksällskap (*Suruya*) dit även Nakahara ingick.

雪の宵

青いソフトに降る雪は
過ぎしその手か囁きか　　白秋

ホテルの屋根に降る雪は
過ぎしその手か、囁きか

　　ふかふか煙突煙吐いて、
　　赤い火の粉も刎ね上る。

今夜み空はまつ暗で、
暗い空から降る雪は……

　　ほんに別れたあのをんな、
　　いまごろどうしてゐるのやら。

ほんにわかれたあのをんな、
いまに帰つてくるのやら

　　徐かに私は酒のんで
　　悔と悔とに身もそぞろ。

しづかにしづかに酒のんで
いとしおもひにそそらるる……

　　ホテルの屋根に降る雪は
　　過ぎしその手か、囁きか

ふかふか煙突煙吐いて
赤い火の粉も刎ね上る。

Snö om kvällen

Snön som faller på hotellets tak,
är det en hand, en viskning, som försvinner

    Skorstenen släpper ut en mjuk rök
    Röda gnistor av eld följer på.

Idag är himlen svart
Snön som faller från den svarta himlen.....

    är det kvinnan som försvann
    Vad gör hon just idag.

Kvinnan som försvann
Kommer hon tillbaka tro

    Jag dricker i stillhet
    Skam och skuld fyller min kropp.

Jag dricker i stillhet, i tystnad
Söker de goda minnena.....

    Snön som faller på hotellets tak
    är det en hand, en viskning, som försvinner

Skorstenen släpper ut en mjuk rök
Röda gnistor av eld följer på.

生ひ立ちの歌

I

　　　　幼年時
私の上に降る雪は
真綿（まわた）のやうでありました

　　　　少年時
私の上に降る雪は
　霙（みぞれ）のやうでありました

　　　　十七―十九
私の上に降る雪は
　霰（あられ）のやうに散りました

　　　　二十一―二十二
私の上に降る雪は
　雹（ひよう）であるかと思はれた

　　　　二十三
私の上に降る雪は
ひどい吹雪とみえました

　　　　二十四
私の上に降る雪は
いとしめやかになりました……

II

私の上に降る雪は
花びらのやうに降つてきます
薪（たきぎ）の燃える音もして
凍るみ空の黝（くろ）む頃

私の上に降る雪は
いとなよびかになつかしく
手を差伸べて降りました

私の上に降る雪は
熱い額に落ちもくる
涙のやうでありました

私の上に降る雪に
いとねんごろに感謝して、神様に
長生したいと祈りました

私の上に降る雪は
いと貞潔でありました

Uppväxtens sång

I

> När jag var barn
Föll snön över mig
Som bomull

> När jag var ung
Föll snön över mig
Som snöblandat regn

> Från 17 till 19
Föll snön över mig
Som hagel

> Från 20 till 22
Föll snön över mig
Som is

> Vid 23
Föll snön över mig
Som en häftig snöstorm

> Vid 24
Föll snön över mig
I ett allt större lugn.....

II

Snön som faller över mig
Faller som kronblad
Ljud från brinnande vedträn därtill
När frosten spricker på den mörka himlen

Snön som faller över mig
Är mild och nostalgisk
Fångas i min utsträckta hand

Snön som faller över mig
Faller också på min heta panna
Trillas nerför kinden som tårar

Till snön som faller över mig
Gav jag min tacksamhet, till gudarna
Jag bad om ett långt liv

Snön som faller över mig
Har fyllt mig med kyskhet

時こそ今は……

時こそ今は花は香炉に打薫じ
ボードレール

時こそ今は花は香炉に打薫（うちくん）じ、
そこはかとないけはひです。
しほだる花や水の音や、
家路をいそぐ人々や。

いかに泰子、今こそは
しづかに一緒に、をりませう。
遠くの空を、飛ぶ鳥も
いたいけな情け、みちてます。

いかに泰子、いまこそは
暮る籬（るまがき）や群青（ぐんじやう）の
空もしづかに流るころ。

いかに泰子、今こそは
おまへの髪毛（かみげ）なよぶころ
花は香炉に打薫じ、

I detta nu.....

I detta nu ryker blommorna som rökelsekar
Det känns i luften.
Ljudet av fallande blommor och vatten
Människor som jäktar hem till sig.

Nu, Yasuko, i detta nu
Låt oss gå tillsammans, i det tysta
Även fåglarna flyger, högt upp i himlen
En känsla av oskuld i luften, vibrerar.

Nu, Yasuko, i detta nu
Skymningen mot en vägg av bambu
Flyter fram i det tysta.

Nu, Yasuko, i detta nu
Ditt hår går i vågor
Och blommorna ryker som rökelsekar,

羊の歌

Sånger från en get

羊の歌
　　安原喜弘に

I　祈り

死の時には私が仰向かんことを！
この小さな顎が、小さい上にも小さくならんことを！
それよ、私は私が感じ得なかつたことのために、
罰されて、死は来たるものと思ふゆゑ。
あゝ、その時私の仰向かんことを！
せめてその時、私も、すべてを感ずる者であらんことを！

II

思惑よ、汝　古く暗き気体よ、
わが裡より去れよかし！
われはや単純と静けき呟きと、
とまれ、清楚のほかを希はず。

交際よ、汝陰鬱なる汚濁の許容よ、
更めてわれを目覚ますことなかれ！
われはや孤寂に耐へんとす、
わが腕は既に無用の有に似たり。

汝、疑ひとともに見開く眼よ
見開きたるまゝに暫しは動かぬ眼よ、
あゝ、己の外をあまりに信ずる心よ、

それよ思惑、汝　古く暗き空気よ、
わが裡より去れよかし去れよかし！
われはや、貧しきわが夢のほかに興ぜず

III

　　　　我が生は恐ろしい嵐のやうであつた、
　　　　其処此処に時々陽の光も落ちたとはいへ。

　　　　　　　　　　　　　　　ボードレール

九歳の子供がありました
女の子供でありました
世界の空気が、彼女の有であるやうに
またそれは、凭つかかられるもののやうに
彼女は頸をかしげるのでした
私と話してゐる時に。

私は炬燵にあたつてゐました
彼女は畳に坐つてゐました
冬の日の、珍しくよい天気の午前
私の室には、陽がいつぱいでした
彼女が頸かしげると
彼女の耳朶　陽に透きました。

私を信頼しきつて、安心しきつて
かの女の心は蜜柑の色に
そのやさしさは氾濫するなく、かといつて

鹿のやうに縮かむこともありませんでした
私はすべての用件を忘れ

この時ばかりはゆるやかに時間を熟読翫味（ぐわんみ）しました。

IIII

さるにても、もろに佗（わび）しいわが心
夜な夜なは、下宿の室（へや）に独りゐて
思ひなき、思ひを思ふ　単調の
つまし心の連弾よ……

汽車の笛聞こえもくれば
旅おもひ、幼き日をばおもふなり
いなよいなよ、幼き日をも旅をも思はず
旅とみえ、幼き日とみゆものをのみ……

思ひなき、おもひを思ふわが胸は
閉ざされて、醺生（かび は）ゆる手匣（てばこ）にこそはさも似たれ
しらけたる脣（くち）、乾きし頬
酷薄の、これな寂莫（しじま）にほとぶなり……

これやこの、慣れしばかりに耐へもする
さびしさこそはせつなけれ、みづからは
それともしらず、ことやうに、たまさかに
ながる涙は、人恋ふる涙のそれにもはやあらず……

Sånger från en get

Till Yoshihiro Yasuhara*

I   Åkallan

I döden ska jag titta uppåt!
Så att min haka, därtill uppifrån, syns mindre och mindre!
Jag lär straffas, och döden kommer,
för att jag inte kunde känna allt jag borde.
Åh, men då ska jag se uppåt!
Då lär väl, även jag, kunna känna allt jag borde!

II

Jag förutsätter, din mörka gamla vätska,
att du försvinner från min åsyn!
Jag är ett tyst och enkelt sorl
Jag kräver inget mer än snyggt och prydligt.

Du kompanjon, jag lever med din dystra smuts
Väck mig inte igen!
Jag klarar ensamheten
Mina armar är redan som ett värdelöst objekt.

Du, mina ögon, fyllda av tvivel
Ögon som är öppna utan att röra sig,
Åh, mitt hjärta, litar blint på allt utom sig självt

Så jag förutsätter, din mörka gamla ånga,
att du försvinner - försvinn - från min åsyn!

Jag är bara intresserad av mina egna usla drömmar

III

Mitt liv var som en fruktansvärd storm
Men från och till lyste även solen
*   - Baudelaire*

Det var ett barn på nio år
Det var ett flickebarn
Som om all luft i världen tillhörde henne
Som om, det fanns något att luta sig emot
Lutade hon sitt huvud åt sidan
När hon talade till mig.

Jag vilade mot bordet
Hon satt på mitt tatami-golv
Det var en fin dag, för att vara vinter
Mitt rum var fullt av sol
När hon lutade sitt huvud åt sidan
Lyste solen igenom - hennes örsnibbar.

Hon litade på mig, hon var trygg
Hennes hjärta hade färgen av en clementin
Hennes vänlighet översköljde mig inte
Inte heller vek det undan som ett rådjur
Jag glömde allt jag borde gjort
Jag var i stunden, njöt av timmarna i frid.

IIII

Trots det, är mitt hjärta miserabelt

Natt efter natt, ensam i mitt inackorderingsrum

Jag har inga tankar, tänker jag - så enformigt

Ett sparsamt hjärta att spela på.....

När jag hör ljudet av en tågvissling

Tänker jag på resor, på min barndom

Eller vänta, jag tänker inte, minns det inte

En ungdomlig resa, bara i största allmänhet

Jag tänker inget, har inga tankar, i mitt bröst som

är låst, i ett skrin som luktar sprit

Spruckna läppar, torra kinder

Denna omänskliga, hårda tystnad.....

Det om det, jag har vant mig vid det

Jag är ledsen, utan att hitta till känslan i det

Eller så vet jag inte om det, hur det känns, fast det händer

Tårarna som rinner, är väl inte längre tårar av kärlek

*Yoshihiro Yasuhara (1908-1992) var en poet och nära vän till Nakahara som bland annat hjälpte honom att finansiera denna bok (1934).

憔悴

> Pour tout homme, il vient une èpoque
> où l'homme languit. ―Proverbe.
> Il faut d'abord avoir soif……
> ――Cathèrine de Mèdicis.

私はも早、善い意志をもつては目覚めなかつた
起きれば愁はしい　平常のおもひ
私は、悪い意志をもつてゆめみた……
（私は其処に安住したのでもないが、
其処を抜け出すことも叶はなかつた）
そして、夜が来ると私は思ふのだつた、
此の世は、海のやうなものであると。
私はすこししけてゐる宵の海をおもつた
其処を、やつれた顔の船頭は
おぼつかない手で漕ぎながら
獲物があるかあるまいことか
水の 面 を、にらめながらに過ぎてゆく

II

昔　私は思つてゐたものだつた
恋愛詩なぞ愚劣なものだと

今私は恋愛詩を詠み
甲斐あることに思ふのだ

だがまだ今でもともすると

恋愛詩よりもましな詩境にはいりたい

その心が間違つてゐるかゐないか知らないが
とにかくさういふ心が残つてをり

それは時々私をいらだて
とんだ希望を起させる

昔私は思つてゐたものだつた
恋愛詩なぞ愚劣なものだと

けれどもいまでは恋愛を
ゆめみるほかに能がない

III

それが私の堕落かどうか
どうして私に知れようものか

腕にたるむだ私の怠惰
今日も日が照る　空は青いよ

ひよつとしたなら昔から
おれの手に負へたのはこの怠惰だけだつたかもしれぬ

真面目な希望も　その怠惰の中から
憧憬したのにすぎなかつたかもしれぬ

あゝ　それにしてもそれにしても
ゆめみるだけの　男にならうとはおもはなかつた！

IIII

しかし此の世の善だの悪だの
容易に人間に分りはせぬ

人間に分らない無数の理由が
あれをもこれをも支配してゐるのだ

山蔭の清水（しみづ）のやうに忍耐ぶかく
つぐむでゐれば愉（たの）しいだけだ

汽車からみえる　山も　草も
空も　川も　みんなみんな

やがては全体の調和に溶けて
空に昇つて　虹となるのだらうとおもふ……

V

さてどうすれば利するだらうか、とか
どうすれば咲（わら）はれないですむだらうか、とかと

要するに人を相手の思惑に
明けくれすぐす、世の人々よ、

僕はあなたがたの心も尤（もつと）もと感じ
一生懸命郷（がう）に従つてもみたのだが

今日また自分に帰るのだ

ひつぱつたゴムを手離したやうに

さうしてこの怠惰の窗の中から
扇のかたちに食指をひろげ

青空を喫ふ　閑を嘯む
蛙さながら水に泛んで

夜は夜とて星をみる
あゝ　空の奥、空の奥。

VI

しかし　またかうした僕の状態がつづき、
僕とても何か人のするやうなことをしなければならないと思ひ、
自分の生存をしんきくさく感じ、
ともすると百貨店のお買上品届け人にさへ驚嘆する。

そして理窟はいつでもはつきりしてゐるのに
気持の底ではゴミゴミゴミゴミ懐疑の小屑が一杯です。
それがばかげてゐるにしても、その二つつが
僕の中にあり、僕から抜けぬことはたしかなのです。

と、聞えてくる音楽には心惹かれ、
ちよつとは生き生きしもするのですが、
その時その二つつは僕の中に死んで、

あゝ　空の歌、海の歌、

ぼくは美の、核心を知つてゐるとおもふのですが
それにしても辛いことです、怠惰をれるすべがない！

Utmärglad

Jag vaknade med dåliga intentioner
När jag vaknar känner jag vanligtvis - ångest
Men det var drömmen, som hade onda intentioner.....
  (Jag trivdes aldrig där,
   men kunde heller aldrig fly ifrån det)
Så när natten kom kände jag,
att den här världen, var som ett hav.
Jag tänkte på havet när det kallnar om kvällen
Och där, skepparen med sitt tärda ansikte
Rodde han fram med skakiga händer
Blir det någon fångst idag, eller inte
Stirrandes på vattnets yta, medan det passerade

II

Jag brukade tänka, förr om tiden,
att kärleksdikter var usla

Nu läser jag kärleksdikter
Och finner det meningsfullt

Men jag känner fortfarande, än idag,
att jag vill nå en annan plats utöver kärleksdikterna

Jag vet inte om det är fel att känna så
Men känslan är densamma

Det irriterar mig ibland
Och väcker samtidigt hopp i mig

Jag brukade tänka, förr om tiden,
att kärleksdikter var usla

Men nu är kärlek allt jag förmår
Att drömma om

III

Om det är mitt eget fördärv eller inte
Hur skulle jag veta

Armarna hänger ner lik min lättja
Solen skiner idag, himlen är blå

Hade de varit förr om tiden
Hade jag inte burit på mer än lättjan

Jag trånade efter mer, inom det
Lättjan var kanske allt jag kunde akta

Åh, fast ändå, fast ändå
Jag trodde inte jag skulle bli en man - som bara drömmer!

IIII

Fast det onda och det goda i denna värld
är inte lätt för människor att förstå

Det finns oräkneliga skäl som vi inte förstår
Som kontrollerar och styr hur det går

Som renande vatten förvarat i skuggan av bergen
Trivs det bäst om man håller tyst om det

Alla kan se det, från tåget, bergen, gräset,
himlen, floden, alla kan se det

Jag tror det kommer upplösas i harmoni med allting
och resa sig mot skyarna, som en regnbåge.....

V

Så, hur ska man klara sig, eller så
Hur ska man undvika att köra sig själv i botten, och så

Det är väl så, att människor ser till varandra
Dag ut och in, dessa människor

Jag kan relatera det, dessa relationer
Jag har försökt så gott jag kan, att ta er till mitt hjärta, men

Idag for jag hem till mig själv, igen
Som att bli avklippt från ett gummiband

Så innanför mitt fönster av lättja
Drar jag mitt finger lik en solfjäder

Jag insuper den blå himlen, sväljer lugnet
Sitter på vattenytan likt grodor gör

Jag ser stjärnor i den nattligaste av nätter
Åh, i djupet av himlen, i djupet av himlen.

VI

Så fortsätter jag mitt vanliga jag, ändå
Ändå känner jag att jag måste göra som dem andra
Så att jag känner av min existens
Jag förundras över hur personalen beter sig på varuhuset dit jag går.

Och även fast jag vet vad jag måste göra
Är jag ändå full av skit, skit, skit, skit och misstro.
Det må vara sjukt, de två
Men de finns inom mig, och kommer aldrig lämna.

Då och då, när jag hör musik jag tycker om
Kan jag förmå mig själv att andas
Och de två tingen inom mig dör för en stund

Åh, sången från himlen, sången från havet
Jag tror jag har hittat kärnan i det vackra
Men även om jag har det, så kan jag ändå inte, plågsamt nog, överge min
lättja!

いのちの声

もろもろの業、太陽のもとにては蒼ざめたるかな。

——ソロモン

僕はもうバッハにもモツアルトにも倦果てた。
あの幸福な、お調子者のヂャズにもすつかり倦果てた。
僕は雨上りの曇つた空の下の鉄橋のやうに生きてゐる。
僕に押寄せてゐるものは、何時でもそれは寂漠だ。

僕はその寂漠の中にすつかり沈静してゐるわけでもない。
僕は何かを求めてゐる、絶えず何かを求めてゐる。

恐ろしく不動の形の中にだが、また恐ろしく憔れてゐる。
そのためにははや、食慾も性慾もあつてなきが如くでさへある。

しかし、それが何かは分らない、つひぞ分つたためしはない。
それが二つあるとは思へない、ただ一つであるとは思ふ。
しかしそれが何かは分らない、つひぞ分つたためしはない。
それに行き著く一か八かの方途さへ、悉皆分つたためしはない。

時に自分を揶揄ふやうに、僕は自分に訊いてみるのだ。
それは女か？　甘いものか？　それは栄誉か？
すると心は叫ぶのだ、あれでもない、これでもない、あれでもないこれで
もない！
それでは空の歌、朝、高空に、鳴響く空の歌とでもいふのであらうか？

II

否何れとさへそれはいふことの出来ぬもの！
手短かに、時に説明したくなるとはいふものの、
説明なぞ出来ぬものでこそあれ、我が生は生くるに値ひするものと信ずる
それよ現実！　汚れなき幸福！　あらはるものはあらはるまゝによいとい
ふこと！

人は皆、知ると知らぬに拘らず、そのことを希望してをり、
勝敗に心覚き程は知るによしないものであれ、
それは誰も知る、放心の快感に似て、誰もが望み
誰もがこの世にある限り、完全には望み得ないもの！

併し幸福といふものが、このやうに無私の境のものであり、
かの慧敏なる商人の、称して阿呆といふでもあらう底のものとすれば、
めしをくはねば生きてゆかれぬ現身の世は、
不公平なものであるよといはねばならぬ。

だが、それが此の世といふものなんで、
其処に我等は生きてをり、それは任意の不公平ではなく、
それに因て我等自身も構成されたる原理であれば、
然らば、この世に極端はないとて、一先づ休心するもよからう。

III

されば要は、熱情の問題である。
汝、心の底より立腹せば
怒れよ！

さあれ、怒ることこそ

汝が最後なる目標の前にであれ、
この言ゆめゆめおろそかにする勿れ。

そは、熱情はひととき持続し、やがて熄むなるに、
その社会的効果は存続し、
汝が次なる行為への転調の障げとなるなれば。

IIII

ゆふがた、空の下で、身一点に感じられれば、万事に於て文句はないの
だ。

Livets röst

All slags karma, bleknar i solen.
-- -- Salomo

Jag är trött på Bach och Mozart.

Jag är trött på den upprymda jazzen med.

Jag lever som en järnbro under molnen efter regnet.

Vad som hänger över mig, är alltid ensamhet.

Jag är inte helt tyngd av denna ensamhet.

Jag letar efter något, alltid efter något.

Ändå står jag still, ändå blir jag trött.

Och för den sakens skull, har jag ingen lust på mat eller sex.

Men, vad är det ens för lust, det vet jag ej.

Jag tror knappt att det är två, kanske bara är en.

Men vad är det ens, det vet jag ej.

Om det finns en väg dit eller åtta vägar dit, jag finner den ej.

Ibland, som ett sätt att förlöjliga mig själv, frågar jag mig själv:

Är det en kvinna? Är det sött? Är det framgång?

Då mitt hjärta säger: det är inte där, eller det, eller där, eller det!

Ska vi kalla det för himlasång, denna morgon, högt upp i skyn, ljudet av

sånger från himlen.

II

Nej, jag kan inte säga vad det är!

Om jag fattar mig kort, försöker förklara

Kan jag inte säga det mer, än att mitt liv är värt att leva
Det är på riktigt! Oklanderligt! Lycka för att det är bra som det är!

Alla människor, medvetna om det eller ej, önskar sig det
Men ingen vet, när hjärtat bryr sig om, vinsten och förlust
Det är som känslan av belåtenhet, den som alla vill åt
Men ingen kan uppnå perfektion, ingen alls i denna värld!

Och även om lyckan är utanför en själv
Och även om vi kallar den skarpsinnige köpmannen för en idiot
Kan man inte leva i denna värld utan mat
Vilket såklart är orättvist nog.

Men så fungerar världen
Vi lever i den, och det är ingen valfri slump
För om detta är principerna för vilka vi är beskaffade
Då finns det inga extremer i världen, då kan vi vila oss ifrån det.

III

Poängen är, en fråga om passion.
Om du är arg från botten av ditt hjärta,
var arg!

Var arg för att du är arg
Fram till ditt slutgiltiga mål -
glöm inte bort vad det vill säga.

För passion varar i ett ögonblick, sen försvinner den
Och dess samhälleliga konsekvenser består
Om det nu skulle bli föremål för hinder, i striden till ditt mål.

IIII

Om kvällen, under himlen, om jag bara kunde känna min egen existens, skulle jag inte klaga på någonting.

Om översättningen

De 44 dikterna, eller sångerna, av Chūya Nakahara översattes från japanska till svenska mellan 2021 och 2022. Det finns ingen tidigare känd översättning av Nakahara till svenska.

2022 utgavs en nyöversättning av dikterna till engelska (*Poems of the Goat*, av Ry Beville) varpå den svenska översättningen kunde jämföras med den engelska.

Utmaningen med att översätta Nakahara till svenska är att dikterna i viss mån kan sjungas till. Det finns exempel på jazz och popmusik som har använt sig av Nakaharas dikter.

Vad för slags musik som kan tänkas komma ur den svenska översättningen överlåts åt läsaren.